LE TOCSIN

DES ÉLECTIONS.

IMPRIMERIE DE C. FARCY,
rue de la Tabletterie, n° 9.

LE TOCSIN

DES

ÉLECTIONS.

PAR PLAGNIOL.

Prix : 75 cent.

PARIS,

Chez A. Thoisnier Desplaces, rue Vivienne, n.° 2 *bis*,
ET CHEZ LES MARCHANDS DE NOUVEAUTÉS.

1827.

LE TOCSIN

DES ÉLECTIONS.

« Que le tocsin sonne en même tems sur tous
» les points de la France !

» Qu'un seul et même cri d'alarme retentisse,
» et soit rapidement porté de Metz à Bayonne et
» de Lille à Marseille :

» *La Patrie et la Charte sont en péril !*

» Que les Electeurs se lèvent et se rassemblent
» dans un élan universel d'énergie et d'indigna-
» tion. »

Que de toutes parts les hommes de tous les âges, de toutes les classes et de toutes les conditions se pressent à l'envi autour des Electeurs pour les solliciter, les adjurer au besoin, de payer courageusement leur tribut civique à la Patrie et à la Liberté.

Une invasion inouie, mais terrible, vient de couvrir le sol national !

Un nouvel Attila, entouré de ses hordes barbares, menace de ravager et de détruire impitoyablement les biens les plus précieux du pays : l'honneur, la justice et les lois.

Comme le roi des Huns, il ne veut s'élever que sur des ruines : celles de nos institutions, des fortunes particulières et de la fortune publique !

Ses intentions sont manifestes ; ses projets sont atroces, et viennent d'être brusquement avoués.

Il méditait depuis longtems dans l'ombre et le silence une guerre d'extermination, un affreux attentat contre nos droits et nos libertés.

Il vient de donner le signal, et sa milice homicide s'est aussitôt ébranlée. Ses hideux satellites ont pris les armes et attaquent au pas de charge nos provinces et nos départemens.

Electeurs levez-vous ! le danger est extrême et imminent. A peine aurez-vous compté les premiers coups du beffroi, que l'ennemi aura déjà peut-être emporté d'assaut vos campagnes et vos villes. Son attaque impie aura été faite sans déclaration préalable ; le droit des gens aura été audacieusement violé pour la plupart d'entre vous.

Mais s'il en est encore tems, si quelques instans vous restent pour arriver au lieu du combat, n'hésitez point, partez et que votre courage et votre dévouement contribuent à repousser l'ennemi commun.

Ecoutez ! . . . Aux premiers tems de la monarchie, vos pères eurent à se défendre contre les irruptions du vandalisme et des tribus sanguinaires du farouche Attila. A son approche, les chefs qui commandaient alors dans les Gaules adressèrent au peuple cette noble exhortation :

« Soyez sur vos gardes ; le roi des Huns pré-
» tend subjuguer le terre entière; *il veut tout*
» *ce qu'il peut ; pour satisfaire son ambition, il*
» *se permet tout ; il se joue de la justice ; il est*
» *l'ennemi du genre humain.* Levez-vous et mar-
» chez. » Les populations se soulevèrent, et les barbares vaincus dans les plaines de la Champagne furent forcés de repasser le Rhin.

Le roi des Huns prenait le titre de *Fléau de Dieu.* L'Attila moderne est le fléau des rois et des peuples. Il ne veut, dans son gouvernement tyrannique, que des hommes flétris sous son joug, ou des complaisans serviles qui sachent se courber sous ses ordres, comme sous ses moindres volontés.

Il y va du salut de la Charte et de la monarchie; du salut de la société tout entière :

« Que le tocsin sonne en même tems sur tous
» les points de la France.

» Qu'un seul et même cri d'alarme retentisse

» et soit porté de Metz à Bayonne, et de Lille à
» Marseille :

» *La Patrie et la Charte sont en péril.*

» Que les électeurs se lèvent et se rassemblent
» dans un élan universel d'énergie et d'indigna-
» tion. »

Electeurs! Au nom de ce qu'il y a de plus sacré parmi les hommes, nous vous supplions de faire un dernier effort pour la cause de l'humanité.

Au nom de vos enfans, de vos frères, de vos parens, de vos amis; au nom de vos propres intérêts et de votre propre conservation, nous vous conjurons de remplir avec une religieuse attention, cet imposant et pieux devoir de citoyen et de français.

Si le bonheur de la France vous est cher; si la prospérité du Commerce et de l'Industrie vous intéresse; si la gloire nationale vous touche, et si le tableau de nos succès dans la carrière des Arts, des sciences et de la civilisation peut avoir quelque mérite à vos yeux; ne tardez plus à vous prononcer. Choisissez! dirigez vos suffrages sur des hommes d'une intégrité éprouvée et qui ne puissent se vendre au pouvoir du ministre absolu.

Sans examiner la longue liste de ses candidats favoris, tremblez de vous laisser séduire par leurs fallacieuses promesses; il ne peuvent produire que l'esclavage et la misère du peuple. Car, les sinistres projets du maître, ne permettent pas de douter des trahisons de ceux qui consentent à devenir ses complices.

Tremblez pour le présent! tremblez pour l'avenir ! Si nos implacables ennemis triomphent, vous n'avez vu qu'une bien faible esquisse des maux qu'ils nous préparent. Les dernières années de leur administration ont été marquées par des actes bien funestes sans doute. Ils ont pu sans difficultés violer et dénaturer la Charte ; fouler aux pieds tous les sermens ; s'associer aux complots d'une secte infâme que nos lois et nos mœurs et la haine nationale ont proscrite jadis; ils ont pu prodiguer et dilapider les revenus de l'état ; avilir la France à la face du monde par l'occupation de l'Espagne, par une tentative ridicule et impuissante contre les forbans de la côte d'Afrique. Ils ont pu créer un 3 p. 0/0 et en élever le prix au-dessus de 115 sur 100, tandis que le 5 p. 0/0 arrive avec peine à 102. Ils ont pu imprudemment disposer des fonds de l'amortissement pour soutenir le taux désastreux et imaginaire de cette rente dont la chute au taux réel entraînerait aujourd'hui des catastrophes incalculables.

Ils ont pu maltraiter impunément, avec la plus

outrageante impudence, l'élite des citoyens de la capitale.

Eh bien ! toutes ces conquêtes, toutes ces concessions arrachées annuellement avec un budjet d'un milliard qu'ils n'emploient que selon leur bon plaisir, sans jamais consulter les intérêts ni l'avantage de la nation ; toutes ces facilités, ces priviléges énormes dont ils ont usé avec tant d'impudeur et si peu de probité au détriment du bonheur public; toutes ces immunités sont insuffisantes pour des hommes toujours avides et toujours insatiables !

En faut-il davantage pour convaincre les incrédules ; pour réchauffer le zèle des indifférens ?

Electeurs de tous les partis, de toutes les nuances d'opinion; libéraux ou monarchiques, royalistes ou constitutionnels; confondez dans un touchant accord vos prétentions et vos votes; faites cesser d'injustes dissensions ; vous êtes tous français : qu'un seul vœu et qu'un seul but vous unissent : sauvez la France, sauvez la Charte et la monarchie.

Que tous les travaux soient suspendus; que chaque français jeune ou vieux, électeur ou simple citoyen, apporte le secours de ses moyens et de son influence dans cette grave conjoncture. Tous ceux qui aspirent à jouir des bienfaits de la paix pour exercer avec sécurité les professions utiles, ou pour se livrer aux soins et aux occupations diverses de l'homme social, doivent demeurer convaincus que sous l'administration du ministère actuel ils n'ont à attendre qu'un apauvrissement progressif, des inquiétudes continuelles et des persécutions sans nombre; ce ministère ne fait que d'entrer dans la voix des usurpations et des violences; malheur à tous s'il est favorisé dans sa marche par de mauvaises élections. Il rétablira le droit d'aînesse, détruira la liberté de la presse, la liberté des cultes, la garantie des actes de l'état civil, la liberté individuelle et l'égalité des citoyens; il renversera le corps enseignant de l'université, pour le remplacer par les jésuites; il inondera, avec l'aide des bons pères, les grandes villes et les provinces de missionnaires et de prêtres étrangers aux paroisses du royaume. Il fera prêcher l'obéissance passive à ses ordres souverains, l'obligation *sacrée* de donner aux couvens et aux jésuites tous les biens qu'ils pourront enlever aux familles *dans l'intérêt du ciel.* Ils désigneront aux vengeances du fanatisme les hommes qui oseraient résister à leurs impostures; ils les feront inscrire sur les registres de leur infernale police, afin de pouvoir, dans l'occasion, les vexer, les tourmenter et déverser sourdement sur eux les poisons de la calomnie.

Oui, toutes ces choses sont invariablement arrêtées par le ministère actuel et par les jésuites. Maintenant, que les électeurs se prononcent entre l'existence politique de quelques ambitieux sans vertus ni mérite, et la tranquillité ou le bouleversement général de la France.

Un seul homme est l'instrument des plus coupables manœuvres, sera-t-il secondé par la pusillanimité ou la tiédeur, ou par l'aveuglement inexplicable des électeurs qui n'ont besoin pour être indépendans que de se persuader que le sort de la patrie est entre leur mains, et que s'ils veulent la conserver grande et florissante, ils n'ont qu'à choisir des hommes qui ne fassent pas métier et marchandise de leur conscience, qui soient pénétrés du sentiment de leurs devoirs et qui sachent dans l'ocurrence accuser un ministre et repousser ses propositions lorsqu'elles peuvent avoir des conséquences funestes.

« Que le tocsin sonne en même tems sur tous » points de la France. »

Un horrible incendie dévore un précieux édifice. Les ministres sont les incendiaires. Electeurs ! que le crime soit puni !

Mais, au milieu de la précipitation et du désordre causé par un acte si subit et si indécemment exécuté, gardez-vous de toute crainte et de tout découragement.

Il est bien difficile, et même impossible, de désigner ici tous les candidats qui pourraient convenir à chaque département. La France possède dans toutes les opinions de bonne foi, un grand nombre d'hommes recommandables; il est des noms qu'il suffit de prononcer pour inspirer la confiance et commander le respect.

Ainsi, les candidats ci-après méritent à tous égards la confiance des électeurs; mais si, dans chaque département ou dans un certain nombre, on a pu s'entendre d'avance et que d'autres noms honorables aient été préférés à cause des localités, que les rivalités cessent, que les luttes d'amour propre ou de coterie soient promptement étouffées, et que les candidats de la minorité se retirent.

Ain. MM. Girod de l'Ain, Perrier, Rodet. — *Aisne.* MM. Sébastiani, Lecarlier, Labbey-Pompierre, Méchin, de Sade, Ladoucette, ancien préfet.—*Allier.* MM. Victor de Tracy, Thévenin, présid. à Lyon. —*Basses-Alpes.* M. Thomas, avocat à Marseille.—*Hautes-Alpes.* M. Aidoin, banq. à Paris.—*Ardèche.* MM. Boissy d'Anglas j.^e, Canson-Montgolfier. — *Arriège.* MM. le général Laffitte, le général Clausel, Soulié.—*Ardennes.* M. Cunin-Gridaine. — *Aube.* MM. Casimir Perrier, Pavée de Vandœuvre, Vernier, ancien député, Eusèbe Salverte.

— *Aude.* M. Andreossy. — *Aveyron.* MM. Nogaret, ancien préfet de l'Hérault, le général Taraire, Mouscignat. — *Bouches-du-Rhône.* MM. Thomas, avocat, Boulouvard, Madier, Rassis, Lauris-Darlatan. — *Calvados.* MM. Lapommeraye, Chatry-Laffosse, Charles Dupin, Nepomucène-Lemercier, Tardif, Alexis Dumesnil. — *Cantal.* MM. Ganilh, de Pradt, Guitard. — *Charente.* MM. Gellibert, Hennessy, Auguste Martel, Delalot. — *Charente-Inférieure.* MM. Beauséjour, Mathieu-Faure, Audry de Puyraveau, Duchatel. — *Cher.* Devaux. — *Corrèze.* Alexis de Noailles. — *Côte-d'Or.* Chauvelin, Mauguin, de Schonen. — *Côtes du Nord* MM. Beslay, Carré, Neele, Auguste St.-Aignan. — *Creuse.* MM. Leblanc, avocat, Tixier de Lachapelle. — *Dordogne.* M. De Beaumont. — *Doubs.* MM. Clément, Jacquot-Duméré. — *Drôme.* M. De Cordoue, Daunantant. — *Eure.* MM. Dupont, Dumelay. — *Eure-et-Loir.* MM. Busson, Brault, sous-préfet démissionnaire de la Châtre, Firmin Didot. — *Finistère.* MM. Kératry, Perrot. — *Gard.* MM. Renaud-Lascour, Madier de Monjean, Pellet de la Lozère, Ricard. — *Haute-Garonne.* MM. Viguerie, Romiguière, de Cambon. — *Gers.* M. Cassaignoles. — *Gironde.* MM. Gautier, St.-Aulaire, A. Jay, Boyer-Fonfrède, Galos, Balguerie junior. — *Herault.* MM. Viennet, Sahuc, Castelnau. — *Ile-et-Vilaine.* MM. Legraverend, Tréhu de Monthierry, Bouvet, général Lamarque. — *Indre.* MM. Dury-Dufresne, de Bondy, Ternaux. — *Isère.* MM. Sapey, Camille Teisseire, Augustin Perrier — *Indre-et-Loire.* MM. Fiévée, Girond de l'Ain, Bacot de Romans, de la Bernardière, ancien chef aux affaires étrangères. — *Jura.* MM. Jobez (du Jura), Jannod, le général Bachelu. — *Landes*. M. le général Lamarque. — *Loir-et-Cher*. MM. Péan, Pellet de la Lozère. — *Loire*. M. de Pradt. — *Haute-Loire*. M. Georges Lafayette. — *Loire-Inférieure*. MM. Louis de Saint-Aignan, Ducoudrai-Bourgaut. — *Loiret*. MM. Lainé de Villevesque, Alex. Perier. — *Lot*. MM. Agar de Mosbourg, le colonel Marbot —*Lot-et-Garonne*. MM. Barsalou aîné, le contre-amiral Latouche. — *Lozère*. . . . . *Maine-et-Loire*. MM. Guilhem, ex-député, Pilastre, Bodin, Cesbron Descrans.—*Manche*. M. le général Lemarrois.—*Marne*. MM. Royer-Collard, Jobert-Lucas.—*Haute-Marne*. M. Lesperut, Toupot de Bevaux, Rozet—*Mayenne*. MM. Prosper Delaunay, Paillard-Ducleré, Leclerc de Beaulieu.—*Meurthe*. MM. le gén. Grandjean, le bar. Louis, Marchal.—*Meuse*. MM. Etienne, Saint-Aulaire.—*Morbihan*. M. Villemain.— *Moselle*. MM. le gén. Semelé, Milleret, Chedeaux, Bouchotte, — *Nièvre*. MM. Hyde de Neuville, Bogue de Faye. — *Nord* MM. D'Haubersaert, Bigode.—*Oise*. MM. le général Gérard, Alexandre Larochefoucauld, Tronchon. — *Orne*. MM. Mercier, fabricant, Bouché. — *Puy-de Dôme*. MM. Collon, banquier à Paris, de Rigny, ancien préfet, Jacques Lefebvre, Simmers, Pierre Martial Pourrat, Leyval. — *Pyrennées* (*Basses-*). M. Jacques Laffite. — *Pyrennées-Orientales*. MM. Fabre, négociant, Arrago.—*Rhin* (*Bas-*). MM. Turckeim, Human, Saglio.—*Rhin* (*Haut-*). MM. Voyer d'Argenson, Kœchlin.—*Rhône*. MM. Mauguin, Coudeic, Jars, Corcelles.—*Saone* (*Haute-*). MM. de Grammont, de Marmier, Paravey, banquier à Paris. — *Saône-et-Loire*. MM. Garnier, le général Thiars, Humblot-Conté, Tripier.—*Sarthe*. MM. Benjamin Constant, Dupin aîné, de

Dolon.—*Seine-Inférieure.* MM. Bignon, Petou, Duvergier de Hauranne, Alexandre Lameth, Elie d'Oyssel, Charles Bailleul, Cabanon, Etienne de la Meuse, de Villequier, premier président, Delaroche. — *Seine et-Marne.* MM. Général Lafayette, Georges Lafayette, Aubernon.—*Seine-et-Oise.* MM. Bertin de Vaux, Simon Berard, Alexandre Lameth; Lepelletier d'Aunay, de Jouvencel.—*Deux-Sèvres.* MM. Tribert, Tonnet d'Orteuil, Agier.— *Somme.* MM. Caumartin, président du tribunal, Rouillé Desfontaines. — *Tarn-et-Garonne.* M. de Pres-sac.—*Var.* MM. Cagniard, ancien receveur-général, général Gazan. — *Vaucluse.* MM. Cambis d'Orsan, Bilhoti, Gasparin. — *Vienne.* Général Demarçay, Voyer d'Argenson. — *Haute-Vienne.* M. Bourdeau. — *Vendée.* MM. Etienne de la Meuse, Lezardière, Marchegay de Lousigny, comte Duchaffault — *Vosges.* Champy, Fallatieu, Boula du Colombier, Marquis. —*Yonne.* MM. Thenard-Gillet; Raudot, Le comte (de Joigny).

Que le mérite, les vertus sociales, et l'indépendance l'emportent sur toute autre considération. Que les partisans moins nombreux d'un candidat quel qu'il soit abandonnent leurs prétentions pour reporter leurs voix sur celui d'entre les indépendans qui réunirait le plus de suffrages. Peu importe la nuance d'opinion, pourvu que la probité triomphe de l'avilissement et de la mauvaise foi. C'est une grande lutte de morale. D'un côté doit être l'honneur et la loyauté, il faut rejeter à l'autre l'hypocrisie, la corruption et la vénalité.

Electeurs indépendans, soyez donc unis et que votre union atteste votre force et votre puissance.

Enfin, pour assurer votre majorité et votre victoire « que le tocsin sonne en même-tems sur » tous les points de la France. »

Electeurs ! faut-il vous rappeler la censure et l'usage abusif et dégradant que le ministère en a fait pour machiner plus aisément dans le silence sa conspiration contre nos lois et nos libertés. Voici un exemple qui vous fournira la mesure des effets de son administration corruptrice :

« Un homme d'un âge avancé, respectable » par son caractère et la considération dont il » jouit dans le monde, ayant été rencontré » dans un lieu public par un des membre de la » censure, celui-ci qui, avant d'accepter les » fonctions de censeur vivait dans une certaine » intimité avec le premier personnage, s'appro- » che de lui et le salue avec les questions » d'usage. Tandis que notre personnage im- » mobile affecte de ne pas reconnaître son in- » terlocuteur, l'homme aux ciseaux décline » humblement ses noms et prénoms ; mais » l'homme respectable le quitte brusquement,

» en lui disant : *Monsieur, laissez-moi tran-* » *quille! ne me parlez plus de cet homme-là.* »

Tels son les tristes résultats des mesures du ministère. Elles doivent laisser des traces profondes qui ne pourront même disparaître avec lui; car il restera en France une classe d'hommes que la police et la censure auront marquée de stigmates ineffaçables.

Faut-il vous parler de la chambre des pairs et de la magistrature? Elles étaient devenues le refuge de nos espérances, la sauve-garde de nos droits légitimes.

La pairie vient d'être frappée mortellement; et la magistrature déjà outragée par la violation de ses actes souverains de justice, est menacée de perdre son indépendance et de devenir l'instrument amovible et impuissant d'un ministère qui ne respecte rien.

Maintenant, vous pouvez opter pour l'abyme ou pour le salut de la France. Un instant de courage et de vigueur suffira pour nous préserver de tous les fléaux imaginables, tandis que la tiédeur, la faiblesse ou une complaisance criminelle nous jetteraient dans les plus grands désordres et les plus longues calamités.

Qu'une sollicitude générale se manifeste et se propage. Que tous les cœurs s'ouvrent aux émotions généreuses et se disposent à coopérer par une participation active au triomphe de la morale, de la justice et de la cause de l'humanité et de la civilisation.

« Que le tocsin sonne en même-tems sur tous » les points de la France.

» Qu'un seul et même cri retentisse et soit ra- » pidement porté de Metz à Bayonne et de Lille » à Marseille.

» *La Patrie et la Charte sont en péril.*

» Que les électeurs se lèvent et se rassem- » blent dans un sentiment unanime d'énergie et » d'indignation. »

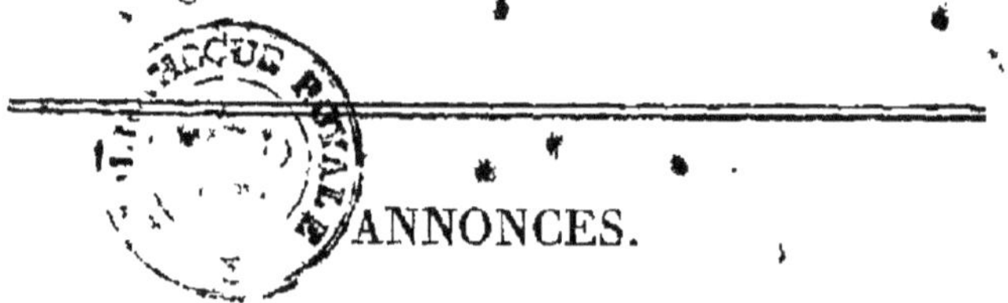

ANNONCES.

Correspondance ministérielle. — 1re et 2e; 3e et 5e lettres à M. de Villèle. — *id.* 6e et 7e lettres à MM. de Villèle et de Peyronnet. — Par Pl. à Paris chez Thoisnier Desplaces, rue Vivienne no 2 *bis*, et chez les marchands de nouveautés.

www.ingramcontent.com/pod-product-compliance
Lightning Source LLC
LaVergne TN
LVHW010413240826
846091LV00020B/3651

* 9 7 8 2 0 1 6 1 2 3 5 3 9 *